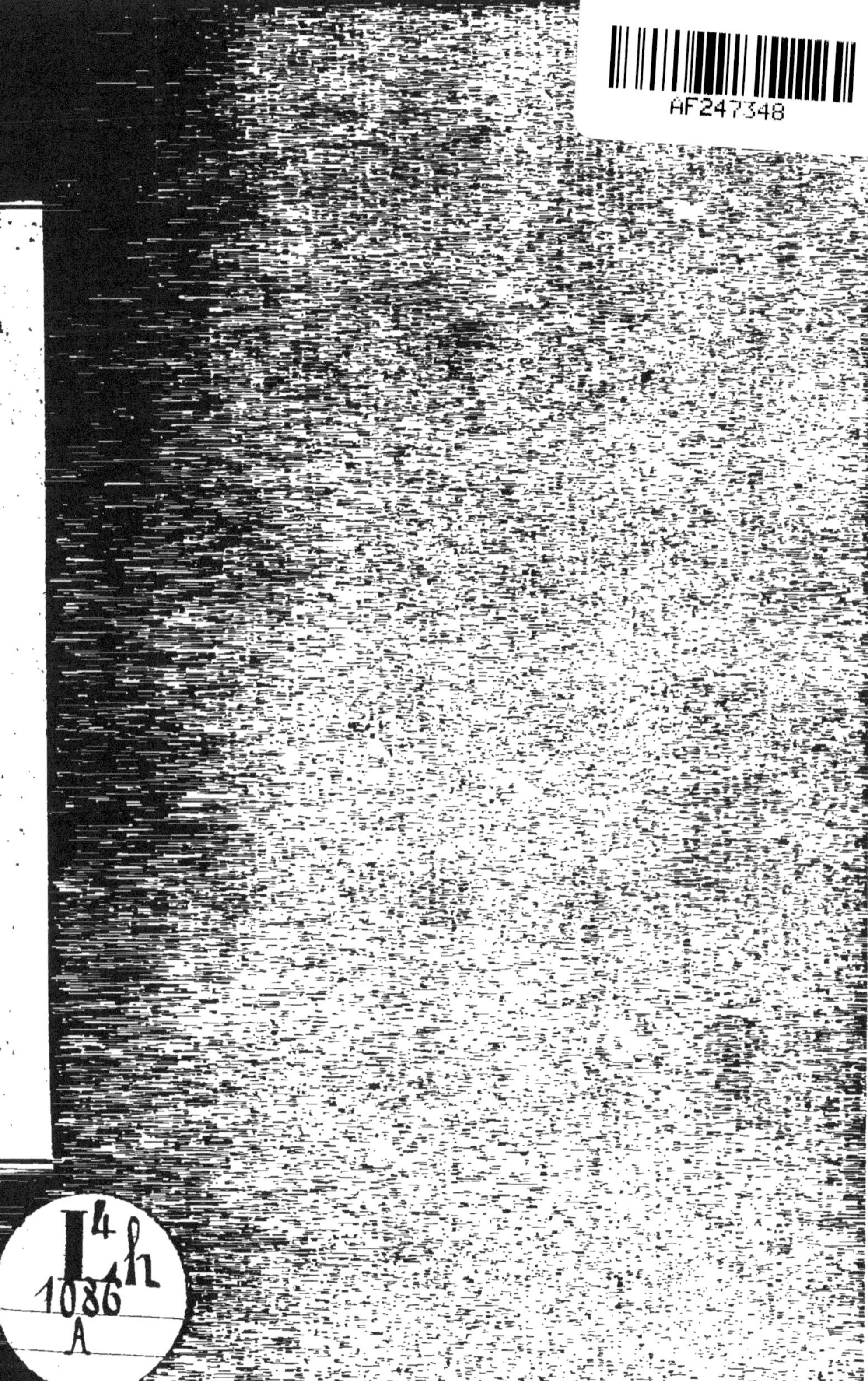

MÉMOIRE JUSTIFICATIF

APPROUVÉ, REVU ET CORRIGÉ

Par M. Paul DARBLAY, Maire de Corbeil

POUR

la Défense de M. Marc PASQUET

Devant la Cour d'assises de Melun.

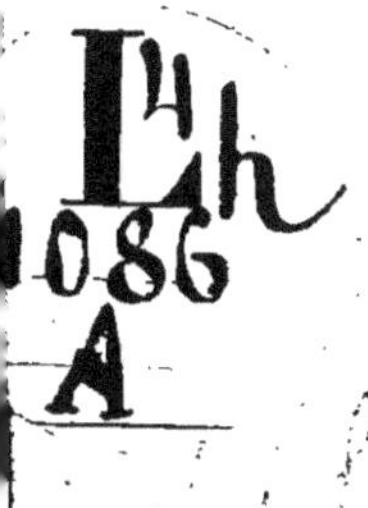

M. le Maire de Corbeil m'accuse de calomnie
et de mensonge, parce que je n'ai pas adopté devant la Cour d'assises, pour ma défense, la rédaction qu'on va lire et qui est son œuvre (1).

Si l'on veut bien comparer cette rédaction à
celle que j'ai choisie, on verra qu'il n'y a de
changé que mes citations relatives aux deniers de
l'État versés par le Percepteur aux Prussiens, sur
l'invitation ou l'ordre du Maire, et aux fourni-
tures de farine dont, à ce qu'il paraît, on ne doit
pas parler. On verra aussi que M. Paul Darblay
n'a retranché que ce qui lui paraissait personnel,
son système étant de faire intervenir le Conseil
municipal quand il s'agit de couvrir sa responsabilité.

On verra qu'il parle de la chasse, en faisant al-
lusion comme moi à d'autres qui ont chassé, qu'il
connaît sans doute ; et qu'il me propose une excuse
que ceux-là peut-être lui ont donnée, mais que

____

(1) L'original, avec les corrections de sa main indiquées ici en
lettres italiques, est dans le dossier de mon avocat.

ma défense n'a pas cru possible de présenter.

M. le Maire parle de l'affaissement moral dans lequel ses concitoyens étaient tombés. Cependant il veut bien m'encourager à signaler une exception en ma faveur et dont je serais seul digne.

Mes défenseurs ont jugé qu'il était plus convenable de me faire publiquement confesser mes torts.

Si j'avais supposé que M. P. Darblay, mon collaborateur, pût abuser de quelques mots de ma défense pour dénaturer ma pensée, si j'avais imaginé qu'un éloge venant de moi eût la moindre valeur, je n'aurais certainement pas oublié, après avoir parlé d'affaissement moral, de rendre hommage à de dignes citoyens qui ont donné tout leur temps, tout leur zèle à défendre nos intérêts, et à ceux qui ont secouru avec tant de dévouement et d'abnégation nos malheureux prisonniers de guerre.

Marc PASQUET

A

M. LE PROCUREUR GÉNÉRAL

Près la Cour d'appel de Paris

A MM. LES PRÉSIDENT ET CONSEILLERS

COMPOSANT LA CHAMBRE DES MISES EN ACCUSATION

Je suis poursuivi sous l'inculpation d'intelligences avec l'ennemi, crime prévu par l'article 77 du Code pénal :

« ART. 77. — Sera également PUNI DE MORT quiconque aura pratiqué des manœuvres ou entretenu des intelligences avec les ennemis de l'État, à l'effet de faciliter leur entrée sur le territoire ou de leur livrer des villes forteresses... ou de fournir aux ennemis des secours en soldats, hommes, argent, VIVRES, armes ou munitions, etc. (1) »

Le fait qui m'est reproché est d'avoir, pendant l'occupation de la ville de Corbeil, vendu aux Allemands une certaine quantité de vin.

Ce fait est incontestable, il s'est produit publique-

(1) La peine peut être considérablement tempérée. Nous savons que trois fermiers du département, convaincus du fait d'avoir ravitaillé l'ennemi en livrant aux marchands de Versailles, n'ont été condamnés par la Cour d'assises qu'à cinq ans de réclusion.

ment, ouvertement, avec l'approbation, comme je vais le montrer, des Autorités administratives et judiciaires, aux yeux desquelles le ravitaillement complet des Prussiens a été toujours considéré comme une *nécessité inévitable*, comme le seul moyen d'empêcher l'emprisonnement de *l'autorité* (1) et le pillage de la ville.

Le commerce des vivres avec l'ennemi a été approuvé, encouragé, directement ou indirectement, à tous les degrés de l'échelle ; *c'est le pays qui en a eu le bénéfice, et ce bénéfice a été immense, et c'est pour la peine que je tombe sous l'application du fameux article* 77 (2).

En tous cas, si ma tête doit tomber, la ville de Corbeil est menacée par le parquet de Fontainebleau des plus grands malheurs. Le magistrat qui le dirige veut sans doute démontrer à son collègue de Corbeil que la Justice ne doit jamais sommeiller, qu'elle recherche les coupables partout et toujours ; et comme, d'un autre côté, nous savons tous qu'elle frappe indistinctement le puissant et le faible, sans distinction de fortune et de position sociale, il est certain qu'après moi et les trois pauvres diables, aujourd'hui poursuivis, arriveront devant la Cour d'assises les personnages les plus considérables de la cité. Véritable deuil public qui se prépare !....

(1) Dans ma rédaction, il y a : M. le Maire.
(2) Cette réflexion est, bien entendu, de M. le Maire.

Il ne m'a pas été facile, je l'avoue, de prendre d'abord au sérieux l'accusation si grave dont je suis victime. Je ne me serais pas expliqué comment, le crime ayant été commis à Corbeil, et mon domicile étant à Corbeil, c'est cependant le parquet de Fontainebleau qui m'arrache à mes juges naturels.

Mais depuis mon interrogatoire par le juge d'instruction et depuis que la gendarmerie est venue prendre mon signalement au milieu de ma famille, il m'a bien fallu reconnaître que ma situation était grave et que le moindre souci de ma considération personnelle m'obligeait à me défendre.

Je ne saurais mieux le faire qu'en rapportant les faits sans commentaires :

Les 15, 16, 17 et 18 septembre 1870, l'ennemi envahit Corbeil, il en prend possession et s'y installe sans la moindre résistance.

40,000 Bavarois affamés, suivis bientôt de 40,000 autres composant les deux corps d'armée des généraux Hartman et Von der Thann, s'abattent sur la ville. On se souvient encore de ce que devinrent les boutiques des boulangers, des bouchers, des charcutiers et surtout les caves des commerçants et des particuliers.

Les détails relatifs à l'occupation de la ville et aux

événements des premières journées sont consignés dans une première délibération du Conseil municipal, en date du 5 octobre 1870.

C'est dans cette délibération et dans celle qui l'ont suivie, c'est-à-dire dans des documents officiels et publics, que j'entends puiser les renseignements nécessaires à ma défense.

On y voit d'abord que l'Administration et le Conseil *s'étant constitués* en permanence, discutaient pied à pied chaque réquisition et ne donnaient que ce qu'il était impossible de refuser ; et cependant, « malgré la dis- « cussion de toutes ces réquisitions, elles représentaient « encore quotidiennement 1,500 kilogrammes de pain, « 7 à 800 kilogrammes de viande, et 1,200 litres de « vin. » (*Délibération du 5 octobre* 1870.)

Voilà donc un point officiellement et authentique- ment constaté; les réquisitions de vin s'élevaient à 1,200 litres par jour, ce qui pendant huit mois d'occu- pation devait donner un total de 288,000 litres ou en- viron 1,200 pièces!...

La lecture de ces délibérations est lamentable, on y voit à quelles malheureuses extrémités la ville en était réduite; on comprend les anxiétés de nos honorables administrateurs, accablés sous la lourde tâche de satis- faire l'appétit et la soif du vainqueur, la soif surtout, sous la menace continuelle d'être arrêtés et de voir la ville livrée au pillage et à la dévastation.

Il fallait tout abandonner, tout céder, absolument tout...

Qu'on en juge par cet exemple :

L'armée française avait fait sauter le pont de Corbeil ; il s'agissait sans doute de retarder la marche de l'ennemi sur Paris, de gêner son établissement autour de la capitale et son complet investissement, d'entraver ses mouvements.

C'est par la ville de Corbeil que devaient passer 500,000 Allemands et une artillerie considérable.

La première idée de l'ennemi a donc été de rétablir la communication.

Eh bien, le croirait-on, si la triste nécessité ne l'expliquait, « M. le Maire de Corbeil a dû se soumettre à l'ordre militaire » (*Délibération du* 19 *octobre*), et c'est lui qui a été obligé de faire le travail et de le soumettre à M. le major du génie Bachfeld, qui *qui a bien voulu l'agréer !..*

. . . .

. . . .

. . . . (1).

(1) Ce passage supprimé parle de M. le Maire et du conseiller municipal qui ont personnellement exécuté les travaux.

Voilà ce qu'a dû faire le *Conseil municipal de Corbeil* (1), « sous peine d'être responsable personnelle-« ment et dans sa fortune. »

Pourquoi le Conseil s'est-il résigné ?

Parce qu'il avait constaté que si la ville ne refaisait pas le pont, les Prussiens étaient en mesure de le refaire eux-mêmes, mais que l'exécution en coûterait alors beaucoup plus cher. . . . .

. . . .

. . . .

. . . .

. . . .

. . . . (2).

Je ne cite ces faits, je le répète, que pour bien indiquer l'état des esprits à cette époque et réclamer quelque *équité* dans l'appréciation de mes actes personnels.

———

J'examine maintenant l'accusation en elle-même, et je la discute.

Pour constituer un crime, il faut absolument l'in-

(1) Ma rédaction porte : M. le Maire.
(2) Ce passage supprimé n'est relatif qu'aux contributions versées à l'ennemi, sur l'invitation de M. le Maire.

tention criminelle, et si je prouve que, loin d'avoir eu un seul instant l'idée ou l'intention de trahir mon pays, au profit de l'ennemi, je n'ai agi au contraire que dans l'intérêt de mes concitoyens, il sera bien difficile de m'accuser.

L'accusation ne se comprendra plus un seul instant si je démontre qu'en vendant ce vin, je n'ai fait que répondre au désir et à l'invitation de l'Autorité *municipale* qui représentait à elle seule l'Autorité judiciaire...

Ce sera absolument comme si M. le Procureur de Fontainebleau lui-même m'avait invité à vendre des vivres aux Prussiens, et venait ensuite demander ma tête pour avoir commis un crime.

J'ai expliqué plus haut qu'une délibération du Conseil municipal constatait que les réquisitions pour le ravitaillement de l'armée prussienne se montaient à 1,500 kilos de pain, 800 kilos de viande et 1,200 litres de vin, et que l'Administration, engagée dans la voie des réquisitions à outrance, devait livrer en huit mois 1,200 pièces de vin.

Mais, dès le commencement d'octobre, la ville ne pouvait plus suffire aux réquisitions de viande et de vin.

Que fait l'Administration ?

Elle envoie des bouchers munis de bons de circulation, chercher à *dix* ou *quinze* (1) lieues de Corbeil la quantité de bestiaux nécessaire *pour empêcher les Prussiens de faire les razzias eux-mêmes, comme ils l'avaient fait au début.*

Le 19 octobre, un membre du Conseil fait observer que l'Administration municipale compromet peut-être, avec ces bons de circulation, sa responsabilité devant le pays.

Le débat s'engage.

C'est à ce moment, je crois, que la discussion est interrompue par l'annonce qu'un gendarme vient s'emparer de la personne de M. le Maire, si la ville ne satisfait pas à la réquisition d'une livre de bougie et d'une paire de ciseaux.

Il expose que, quelques jours avant, il avait couru le même danger à l'occasion de couvertures de laine.

On vote la livre de bougie et la paire de ciseaux, et l'incident est vidé.

Le Maire pose la question :

« Dans un pays de ressources comme *les environs de* « Corbeil, dit-il, l'armée ennemie *nous a fait voir qu'elle* « ne se laissera manquer de rien de ce qui est néces- « saire pour *son* alimentation.

« Il s'agit donc de décider ce qui est préférable, ou

(1) Dans ma rédaction, il y a : quinze ou vingt lieues.

« de voir l'ennemi piller impitoyablement les campa-
« gnes, comme il l'a fait pendant les premières semai-
« nes, ou, au contraire, de lui laisser le moyen de s'ap-
« provisionner par des achats réguliers. »

. . . .

. . . .

. . . .

. . . . (1).

Le Conseil décide à l'unanimité moins une voix :

« Que jusqu'à ce jour l'Administration municipale a
« fait pour le mieux dans l'intérêt de la ville de Corbeil
« et de la population des environs menacées de razzias
« incessantes, et qu'il n'y avait pas, en face de la force
« ennemie, d'autre parti à prendre. »

Ainsi donc voilà qui est entendu.

L'Administration protége ceux qui vont à vingt
lieues chercher des vivres pour l'ennemi.

Elle les encourage, elle leur délivre des bons de circulation, *visés*, bien entendu, *par* l'Autorité prussienne.

Il est décidé qu'il convient de donner à l'ennemi le
moyen de s'approvisionner en payant.

C'est dans cette situation, en présence de cette déci-

(1) La suppression de ces cinq lignes est insignifiante. Ma rédaction traduisait la question posée : Convient-il de pourvoir au ravitaillement de l'ennemi, ou d'exposer la population au pillage ?

sion, que, bien loin d'aller à vingt lieues, comme les bouchers autorisés par l'Administration, j'organise dans l'écurie de ma maison un dépôt des vins que m'apportent les vignerons de Saintry et des environs, et c'est à ce dépôt que la Mairie m'adresse les Allemands qui viennent en réquisition.

Je fais livrer par mon domestique moyennant payement, je suis heureux de contribuer ainsi au salut de la ville, car *si le maire* était menacé de la prison pour quelques couvertures, une livre de bougie et une paire de ciseaux, à quelles *vexations* n'était-*on* (1) pas exposé si les Prussiens avaient *pu craindre de* manquer de vin !...

Et cependant c'est pour ce fait que me voilà aujourd'hui prévenu d'un crime qui doit m'amener devant la Cour d'assises.

Je disais que si j'avais commis un crime, ce dont je n'ai pas conscience, Dieu merci, je pouvais soutenir que j'y avais été poussé par le Ministère public lui-même, et par conséquent par M. le Procureur de Fontainebleau qui me poursuit *aujourd'hui et qui, s'il m'avait cru coupable à cette époque m'aurait certainement arrêté.*

Je le dis et le répète, mais bien entendu au point de vue de ma discussion seulement et sans avoir la moin-

(1) Dans ma rédaction, il y a : M. le Maire.

dre idée de porter atteinte à la considération personnelle de l'honorable magistrat qui remplit ici son devoir avec autant de zèle que d'énergie, *et qui, comme il a eu soin de le faire pour ceux qui dévastaient impunément nos forêts voisines pendant la guerre, en vertu d'ordres supérieurs, ne pouvait rien faire, officiellement du moins* (1).

En effet, au mois d'octobre 1870, par qui l'Autorité judiciaire à Corbeil était-elle représentée?

Par M. le Maire seul, de l'aveu et sous les yeux des magistrats du Ministère public.

Les délits de droit commun n'étaient réprimés que par l'Administration municipale. (*Voir* Délibération du Conseil relative aux vols de bois.) Nous étions sous le régime de l'état de siége, et dans cet état exceptionnel, en présence de l'ennemi, devant les ordres donnés au Parquet de s'abstenir complétement, le Maire concentrait dans ses mains les pouvoirs administratifs, militaires et judiciaires; tout au moins, il était incontestablement le seul officier de police judiciaire en fonctions.

En vertu de ces pouvoirs, sous les yeux mêmes de M. le Procureur actuel de Fontainebleau, alors Substitut à Corbeil, l'Administration *laisse fonctionner* (2), comme je l'ai dit, mon dépôt de vin, qui n'est en dé-

---

(1) Ces réflexions relatives à la conduite de la magistrature pendant la guerre me sont, bien entendu, absolument étrangères.
(2) Dans ma rédaction : autorise.

finitive qu'un détail bien secondaire du système général adopté et pratiqué dans l'intérêt du salut de la ville et des campagnes.

Le Ministère public, tout le monde le sait, est indivisible ; qu'il soit représenté par M. le Maire de Corbeil ou M. le Procureur de Fontainebleau, j'ai le droit d'opposer à l'un ce que je puis opposer à l'autre. Or, si j'ai démontré que *la Mairie, par sa jurisprudence de circonstance, a implicitement approuvé* (1) mes actes, j'ai démontré en même temps que M. le Procureur de Fontainebleau les a couverts par son approbation tacite ou indirecte.

J'ai à relever ce côté de l'accusation assez étrange : on me reproche le bénéfice que j'ai pu faire sur cette vente.

J'avoue que je ne comprends pas.

Étant admis que je pouvais, que je devais vendre aux Prussiens tout ce qui pouvait faire l'objet de leurs réquisitions, comment peut-on me blâmer de leur avoir vendu aussi cher qu'il était possible : c'était autant de pris sur l'ennemi, et j'avoue qu'en mon âme et conscience j'ai cru bien faire en vendant aux Allemands plus cher qu'à mes concitoyens. Je crois que c'est le raisonnement qu'ont dû faire les bouchers de l'Administration et tous ceux qui ont fait le commerce avec l'ennemi.

(1) Il y a dans ma rédaction : M. le Maire.

Je ne terminerai pas sans prendre la liberté de soumettre à M. le Procureur général et à la Cour quelques réflexions sur la poursuite dont je suis l'objet.

La Justice espère-t-elle obtenir contre moi une condamnation quelconque?

Évidemment non.

Cependant elle sait, par le parquet de Corbeil, que tout ce que je viens de dire est exact.

Alors pourquoi cette poursuite du parquet de Fontainebleau?...

On sait pourtant qu'une prévention aussi grave est un événement terrible dans la vie d'un homme.

Mais, sous cette poursuite, se cache peut-être une idée qui ne manquerait certainement ni d'intérêt ni de grandeur si elle se montrait au grand jour.

C'est une leçon sans doute que veut donner le Procureur de Fontainebleau ; il veut nous montrer l'affaissement moral où nous sommes tombés, pour nous aider à nous relever ensuite.

Quand je parle d'affaissement moral, il y a eu cependant des exceptions, et je pourrais, sans me vanter, me citer dans ce petit nombre. Le Maire de Corbeil doit se rappeler encore qu'il a été inquiété par le général baron de Mayer pour avoir laissé subsister pendant quelque temps après le 15 septembre, sur les murs de Corbeil, une affiche blanche où était produite une lettre d'appel aux francs-tireurs.

Je sais que dans le courant d'août 1870 un rapport a été fait sur moi au Ministre Jérôme David, organisateur des compagnies de francs-tireurs, et l'on peut consulter ce rapport pour voir si les termes m'en sont défavorables.

Cependant j'ai chassé avec les Prussiens logés chez moi, je l'avoue, *pour approvisionner ma table, que ces messieurs ne trouvaient pas assez bien servie* (1).

Je ne suis pas le seul.

. . . .

Une chose m'étonne et me confond : c'est que M. le Procureur de Fontainebleau n'accuse que trois ou quatre malheureux dont la seule défense, comme la mienne, sera de prouver clair comme le jour qu'ils n'ont fait que *satisfaire aux besoins de la situation et entrer dans les vues de* l'Autorité, et qu'il laisse ainsi croire aux populations dont il veut relever le moral, *qu'il n'y a rien de mieux à faire aujourd'hui pour préparer la revanche que de chercher querelle à des hommes qui ont été beaucoup plus à plaindre qu'à blâmer.*

(1) J'avoue qu'à l'exception d'un mot qu'on a mal interprété (pas un dévouement), je préfère ma rédaction à celle de M. Darblay.

CORBEIL. — Typ. et stér. de CRÉTÉ FILS.

BIBLIOTHEQUE NATIONALE DE FRANCE
3 7531 04272283 6